BARÈME

pour le cas de "GAGNANT" à l'unité de 5 francs

indépendant du prélèvement fixé par le Ministère.

Manière de procéder pour trouver le Rapport du cheval gagnant.

$M \times r$ — 1° Multiplier le nombre total des mises sur "gagnant" du totalisateur de l'enceinte par le rapport existant entre la somme à répartir et la recette. (Dans le cas du prélèvement de 7 ½ %, ce rapport est égal à $\frac{92,5}{100}$ ou 0,925; dans le cas du prélèvement de 8 %, ce rapport est égal à $\frac{92}{100}$ ou 0,92);

$(M \times r) - m$ — 2° Du produit obtenu, retrancher le nombre total des mises prises sur le cheval arrivé gagnant (dans ce cas, $m = n_x$) :

$\frac{(M \times r) - m}{n_x}$ — 3° Diviser le reste de cette soustraction par ce même nombre total des mises prises sur le cheval arrivé gagnant;

4° Chercher dans le présent barème la place qu'occuperait dans la colonne rouge le quotient ainsi obtenu : en regard de l'intervalle, dans la colonne noire, se trouve indiquée en francs et centimes la valeur du rapport du gagnant, c'est-à-dire la somme à payer par mise.

Cas d'Écurie couplée.

Si le gagnant fait partie d'une écurie de deux chevaux ou plus, on fera le total de toutes les mises « gagnant » prises sur tous les chevaux de l'écurie, et, considérant ce total comme celui d'un seul cheval gagnant, on procédera comme il vient d'être indiqué.

Cas de Dead-Heat.

En cas de Dead-Heat au gagnant entre 2 ou 3 chevaux, le calcul de la répartition se fera comme dans les cas de 2 ou 3 **Placés**, et la recherche de la place de chacun des quotients obtenus aura lieu dans le barème **Placés** correspondant et de **même unité**.

Exemple du cas ordinaire.

Données de la 1re course du 19 juin 1904 à Longchamp-Pavillon (Prélèvement de 8 0/0 ; **r** = 0,92);
M, le total général des mises « gagnant » sur tous les tableaux = 4576 ;
m, le total des mises « gagnant » prises sur le cheval 9, arrivé gagnant = 296.
La répartition a donné 71 fr par mise du cheval 9.

Faisons le calcul par la méthode du barème :

1re opération 4576 × 0,92 = 4209,92.
2e — 4209,92 — 296 = 3913,92.
3e — 3913,92 : 296 = **13.22**.
4e — Cherchons la place du quotient **13,22** dans les colonnes rouges du présent barème : **13.22** est compris entre **13.15** et **13,25** et correspond à 71 fr de la colonne noire. Le rapport du cheval 9 est donc 71 fr, résultat identique à celui trouvé par le calcul ordinaire.

Exemple d'Écurie couplée.

Données de la 2ème course du 21 mai 1903 à Chantilly (Prélèvement de 7 ½ %; **r** = 0,925).
M. le total général des mises sur tableaux « gagnant » de la Pelouse = 15476
Arrivée : gagnant, cheval 2 couplé avec le cheval 1.

$\mathbf{n}_2$, le total des mises gagnant sur le cheval 2, arrivé premier............ = 1210 } **m** = 10139.
$\mathbf{n}_1$, le total des mises gagnant sur le cheval 1, compagnon d'écurie........ = 8929 }

La répartition a donné 7 fr à payer par mise de chacun des chevaux 2 et 1.

Faisons le calcul par la méthode du barème.

1re opération 15476 × 0,925 = 14315,30.
2e — 14315,30 — 10139 = 4116,30.
3e — 4116,30 : 10139 = **0.40**
4e — Cherchons dans les colonnes rouges du présent barème la place qu'occuperait 0,40.

0.40 est compris entre **0,35** et **0.45** et correspond à 7 fr à payer par mise de chacun des chevaux de l'écurie, résultat identique à celui fourni par le calcul ordinaire.

Exemple de Dead-Heat.

Données de la 2e course du 9 septembre 1900 à Longchamp (Prélèvement de 7 0/0; **r** = 0,93):
M. total général des mises sur « gagnant » = 3372.
Arrivée en Dead-Heat : chevaux 2 et 5.

$\mathbf{n}_2$, total des mises " gagnant " sur le cheval 2 .... = 1941 } **m** = 2521
$\mathbf{n}_5$, total des mises " gagnant " sur le cheval 5 .... = 580 }

La répartition a donné 6 fr pour le cheval 2.
et 7 fr 50 pour le cheval 5.

Faisons le calcul par la méthode du barème :

1re opération 3372 × 0,93 = 3145,96.

2e — 3145,96 — 2521 = 624,96.

3e — { 624,96 : 1941 = **0.3** et un reste.
624,96 : 580 = **1,0** et un reste.

4e — Cherchons dans les colonnes rouges du **Barème à 5 fr., cas de 2 Placés**, les places qu'occuperaient ces quotients.

0,3 et un reste, est compris entre **0,3** et **0.5** et correspond à 6 fr. par mise pour le cheval 2.

1,0 est compris entre **0.9** et **1.1** et correspond à 7 fr. 50 par mise du cheval 5.

Résultats identiques à ceux fournis par les calculs ordinaires.

NOTA. — Si le dead-heat était à 3 têtes, on ferait comme dans *le cas de 3 Placés* et on chercherait les quotients dans le **Barème à 5 fr., cas de 3 Placés**.

5 Frs GAGNANT

	Fr. c.		Fr. c.		Fr. c.		Fr. c.
	5 »		15 »		25 »		35 »
0,05		**2,05**		**4,05**		**6,05**	
	5.50		15.50		25.50		35.50
15		15		15		15	
	6 »		16 »		26 »		36 »
25		25		25		25	
	6.50		16.50		26.50		36.50
35		35		35		35	
	7 »		17 »		27 »		37 »
45		45		45		45	
	7.50		17.50		27.50		37.50
55		55		55		55	
	8 »		18 »		28 »		38 »
65		65		65		65	
	8.50		18.50		28.50		38.50
75		75		75		75	
	9 »		19 »		29 »		39 »
85		85		85		85	
	9.50		19.50		29.50		39.50
95		95		95		95	
	10 »		20 »		30 »		40 »
1,05		**3,05**		**5.05**		**7,05**	
	10.50		20.50		30.50		40.50
15		15		15		15	
	11 »		21 »		31 »		41 »
25		25		25		25	
	11.50		21.50		31.50		41.50
35		35		35		35	
	12 »		22 »		32 »		42 »
45		45		45		45	
	12.50		22.50		32.50		42.50
55		55		55		55	
	13 »		23 »		33 »		43 »
65		65		65		65	
	13.50		23.50		33.50		43.50
75		75		75		75	
	14 »		24 »		34 »		44 »
85		85		85		85	
	14.50		24.50		34.50		44.50
95		95		95		95	
	15 »		25 »		35 »		45 »

5 F^RS GAGNANT

	FR. C.		FR. C.		FR. C.		FR. C.
8,05	45 »	**10,05**	55 »	**12,05**	65 »	**14,05**	75 »
15	45.50	15	55.50	15	65.50	15	75.50
25	46 »	25	56 »	25	66 »	25	76 »
35	46.50	35	56.50	35	66.50	35	76.50
45	47 »	45	57 »	45	67 »	45	77 »
55	47.50	55	57.50	55	67.50	55	77.50
65	48 »	65	58 »	65	68 »	65	78 »
75	48.50	75	58.50	75	68.50	75	78.50
85	49 »	85	59 »	85	69 »	85	79 »
95	49.50	95	59.50	95	69.50	95	79.50
9,05	50 »	**11,05**	60 »	**13,05**	70 »	**15,05**	80 »
15	50.50	15	60.50	15	70.50	15	80.50
25	51 »	25	61 »	25	71 »	25	81 »
35	51.50	35	61.50	35	71.50	35	81.50
45	52 »	45	62 »	45	72 »	45	82 »
55	52.50	55	62.50	55	72.50	55	82.50
65	53 »	65	63 »	65	73 »	65	83 »
75	53 50	75	63.50	75	73.50	75	83.50
85	54 »	85	64 »	85	74 »	85	84 »
95	54.50	95	64.50	95	74.50	95	84.50
	55 »		65 »		75 »		85 »

5 Frs GAGNANT

	FR. C.		FR. C.		FR. C.		FR. C.
	85 »		95 »		105 »		115 »
16,05	85.50	**18,05**	95.50	**20,05**	105.50	**22,05**	115.50
15	86 »	15	96 »	15	106 »	15	116 »
25	86.50	25	96.50	25	106.50	25	116.50
35	87 »	35	97 »	35	107 »	35	117 »
45	87.50	45	97.50	45	107.50	45	117.50
55	88 »	55	98 »	55	108 »	55	118 »
65	88.50	65	98.50	65	108.50	65	118.50
75	89 »	75	99 »	75	109 »	75	119 »
85	89.50	85	99.50	85	109.50	85	119.50
95	90 »	95	100 »	95	110 »	95	120 »
17,05	90.50	**19,05**	100.50	**21,05**	110.50	**23,05**	120.50
15	91 »	15	101 »	15	111 »	15	121 »
25	91.50	25	101.50	25	111.50	25	121.50
35	92 »	35	102 »	35	112 »	35	122 »
45	92.50	45	102.50	45	112.50	45	122.50
55	93 »	55	103 »	55	113 »	55	123 »
65	93.50	65	103.50	65	113.50	65	123.50
75	94 »	75	104 »	75	114 »	75	124 »
85	94.50	85	104.50	85	114.50	85	124.50
95	95 »	95	105 »	95	115 »	95	125 »

5 F^{RS} GAGNANT

	FR. C.		FR. C.		FR. C.		FR. C.
	125 »		135 »		145 »		155 »
24,05	125.50	**26,05**	135.50	**28,05**	145.50	**30,05**	155.50
15	126 »	15	136 »	15	146 »	15	156 »
25	126.50	25	136.50	25	146.50	25	156.50
35	127 »	35	137 »	35	147 »	35	157 »
45	127.50	45	137.50	45	147.50	45	157.50
55	128 »	55	138 »	55	148 »	55	158 »
65	128.50	65	138.50	65	148.50	65	158.50
75	129 »	75	139 »	75	149 »	75	159 »
85	129.50	85	139.50	85	149.50	85	159.50
95	130 »	95	140 »	95	150 »	95	160 »
25,05	130.50	**27,05**	140.50	**29,05**	150.50	**31,05**	160.50
15	131 »	15	141 »	15	151 »	15	161 »
25	131.50	25	141.50	25	151.50	25	161.50
35	132 »	35	142 »	35	152 »	35	162 »
45	132.50	45	142.50	45	152.50	45	162.50
55	133 »	55	143 »	55	153 »	55	163 »
65	133.50	65	143.50	65	153.50	65	163.50
75	134 »	75	144 »	75	154 »	75	164 »
85	134.50	85	144.50	85	154.50	85	164.50
95	135 »	95	145 »	95	155 »	95	165 »

5 F^RS GAGNANT

	FR. C.		FR. C.		FR. C.		FR. C.
32,05	165 »	**34,05**	175 »	**36,05**	185 »	**38,05**	195 »
15	165.50	15	175.50	15	185.50	15	195.50
25	166 »	25	176 »	25	186 »	25	196 »
35	166.50	35	176.50	35	186.50	35	196.50
45	167 »	45	177 »	45	187 »	45	197 »
55	167.50	55	177.50	55	187.50	55	197.50
65	168 »	65	178 »	65	188 »	65	198 »
75	168.50	75	178.50	75	188.50	75	198.50
85	169 »	85	179 »	85	189 »	85	199 »
95	169.50	95	179.50	95	189.50	95	199.50
33,05	170 »	**35,05**	180 »	**37,05**	190 »	**39,05**	200 »
15	170.50	15	180.50	15	190.50	15	200.50
25	171 »	25	181 »	25	191 »	25	201 »
35	171.50	35	181.50	35	191.50	35	201.50
45	172 »	45	182 »	15	192 »	45	202 »
55	172.50	55	182.50	55	192.50	55	202.50
65	173 »	65	183 »	65	193 »	65	203 »
75	173.50	75	183.50	75	193.50	75	203.50
85	174 »	85	184 »	85	194 »	85	204 »
95	174.50	95	184.50	95	194.50	95	204.50
	175 »		185 »		195 »		205 »

5 Frs GAGNANT

	FR. C.		FR. C.		FR. C.		FR. C.
	205 »		215 »		225 »		235 »
40,05	205.50	**42,05**	215.50	**44,05**	225.50	**46,05**	235.50
15	206 »	15	216 »	15	226 »	15	236 »
25	206.50	25	216.50	25	226.50	25	236.50
35	207 »	35	217 »	35	227 »	35	237 »
45	207.50	45	217.50	45	227.50	45	237.50
55	208 »	55	218 »	55	228 »	55	238 »
65	208.50	65	218.50	65	228.50	65	238.50
75	209 »	75	219 »	75	229 »	75	239 »
85	209.50	85	219.50	85	229.50	85	239.50
95	210 »	95	220 »	95	230 »	95	240 »
41,05	210.50	**43,05**	220.50	**45,05**	230.50	**47,05**	240.50
15	211 »	15	221 »	15	231 »	15	241 »
25	211.50	25	221.50	25	231.50	25	241.50
35	212 »	35	222 »	35	232 »	35	242 »
45	212.50	45	222.50	45	232.50	45	242.50
55	213 »	55	223 »	55	233 »	55	243 »
65	213.50	65	223.50	65	233.50	65	243.50
75	214 »	75	224 »	75	234 »	75	244 »
85	214.50	85	224.50	85	234.50	85	244.50
95	215 »	95	225 »	95	235 »	95	245 »

5 F^{rs} GAGNANT

	FR. C.
	285 »
56,05	
	285.50
15	
	286 »
25	
	286.50
35	
	287 »
45	
	287.50
55	
	288 »
65	
	288.50
75	
	289 »
85	
	289.50
95	
	290 »
57,05	
	290.50
15	
	291 »
25	
	291.50
35	
	292 »
45	
	292.50
55	
	293 »
65	
	293.50
75	
	294 »
85	
	294.50
95	
	295 »

Moyen de trouver le Résultat

lorsque le quotient à chercher

dans le **Barème "5 fr. Gagnant"** est supérieur à 57,95.

RÈGLE :

On divise par la constante **0,20** la différence entre le nombre considéré et **57.95** ; en négligeant dans le quotient de cette division la fraction de 50 centièmes, on obtient en francs la somme à ajouter à **295** francs pour avoir le résultat cherché.

Exemple :

Soit **79.37** le quotient auquel ont donné lieu les calculs effectués de la formule $\frac{(M \times r) - m.}{n_x}$

1re opération : **79.37** — **57.95** = 21,42 ;

2e — 21,42 : **0,20** = 107,10 soit 107 en négligeant la fraction de 50 centièmes ;

3e opération : **295** francs + 107 francs = 402 francs.

Le rapport cherché est 402 francs.

Nota. — Dans le cas de 107 *exactement et sans reste*, on compterait 106 fr. 50.

Dans le cas de 107 fr. 50 *exactement et sans reste*, on compterait 107 francs.

Imprimerie G. RICHARD, 7, Rue Cadet, Paris.

www.ingramcontent.com/pod-product-compliance
Lightning Source LLC
LaVergne TN
LVHW052034160826
845678LV00003B/1344
9782329625539